THÉODORE DE BANVILLE

DEÏDAMIA

COMÉDIE HÉROÏQUE EN TROIS ACTES

PARIS
ALPHONSE LEMERRE, ÉDITEUR
27-31, PASSAGE CHOISEUL, 27-31

1876

DEÏDAMIA

COMÉDIE HÉROÏQUE

Réprésentée pour la première fois à Paris sur le théâtre de l'Odéon.

Novembre 1876.

COMÉDIES

DE

THÉODORE DE BANVILLE

Le Beau Léandre.

Diane au Bois.

Les Fourberies de Nérine.

La Pomme.

Gringoire.

Florise. (Non représentée.)

Deïdamia.

Le Feuilleton d'Aristophane.

Le Cousin du Roi.

En collaboration avec Philoxène Boyer.

En préparation :

Socrate et sa Femme.

PARIS. — Impr. J. CLAYE. — A. QUANTIN et Cᵉ, rue St-Benoît.

THÉODORE DE BANVILLE

DEÏDAMIA

COMÉDIE HÉROÏQUE EN TROIS ACTES

PARIS
ALPHONSE LEMERRE, ÉDITEUR
27-31, PASSAGE CHOISEUL, 27-31

1876

LES ACTEURS

ACHILLE.	Mlle Rousseil.
DEÏDAMIA.	Mlle Volsy.
THÉTIS.	Mlle Gravier.
ULYSSE.	M. Monval.
LYCOMÈDE.	M. Talien.
DIOMÈDE.	M. Sicard.
THOÉ.	Mlle Rambert.
ZEUXO.	Mlle Chéron.
PERSÉIS.	Mlle Fassy.

Des Néréïdes.

Une Intendante et des Servantes de Lycomède.

Des Compagnons d'Ulysse.

Direction de M. Félix du Quesnel :

Mise en scène de M. Eugène Bondois,

Musique de M. J. Cressonnois, décors de M. Zara,

Costumes dessinés par M. Thomas,

Exécutés par M. Bartuchet et Mlle Aline,

Armes de M. Chartier, joyaux de M. Granger.

DEÏDAMIA

ACTE PREMIER.

Le théâtre représente un paysage de l'île de Scyros, sur le rivage de la mer Égée. — Au fond, la mer tranquille, au delà de laquelle on aperçoit les trois petites îles du golfe. — A gauche du spectateur est une large grotte, dans laquelle on entre par le rivage, et dont le fond, percé à jour, s'ouvre sur une galerie naturelle qui est censée se perdre sous les flots. — Du même côté, et plus près du spectateur, s'élève un autel. — A droite du spectateur, la maison du roi Lycomède, surmontée d'une terrasse ornée d'arbres et de fleurs, et à laquelle donne accès un péristyle détaché, à colonnes. Devant la maison, mais placée de façon à n'en pas gêner l'entrée, est une table de pierre. — Entre la maison et la mer, on voit le commencement praticable d'une large avenue bordée d'oliviers, de grenadiers et de lauriers-roses.

Au lever du rideau, Achille, entouré par Thétis et par des Néréides, est couché et endormi sur une roche moussue placée à l'entrée de la grotte.

SCÈNE PREMIÈRE.

THÉTIS, ACHILLE d'abord endormi,

LES NÉRÉIDES.

THÉTIS, aux Néréides.

Oui, celui qui dort là de ce sommeil tranquille,
C'est mon enfant aux pieds légers, c'est mon Achille.

Et moi, déesse, moi Thétis, j'ai sous les flots
Ainsi qu'une mortelle exhalé des sanglots,
Car les chefs Achéens, tous affamés de Troie,
Guettent ce fils, mon seul trésor, comme une proie.
O Néréïdes! tout menace mes amours,
Car Ilios au front environné de tours,
— C'est l'arrêt du Destin, sur son trône immobile, —
Ne tombera jamais que par le bras d'Achille;
Et lui-même, ce fils adoré, mon seul bien,
Baignera de son sang le rivage Troïen.
Mais du moins, s'il devra mourir pour leur défense,
Il vit, tant que je puis dérober son enfance
Aux Danaens, du meurtre et du pillage épris.
O filles de Doris, mes sœurs! enfin j'appris
Quel sort le menaçait, tandis que pour l'instruire
Aux durs combats, le fils monstrueux de Philyre
Lui montrait, l'excitant de sa puissante voix,
A poursuivre les loups et les ours dans les bois.
Acharnée à sauver mon fils, en ma folie,
J'ai couru vers les monts de l'âpre Thessalie;
Dans la caverne ouverte au flanc du Pélion,
Je l'ai retrouvé, fier comme un jeune lion;
Je l'ai repris par ruse au fidèle Centaure;
L'ayant endormi, sur la mer au flot sonore
Je l'ai, dans une barque, amené jusqu'ici.

Mon enfant ne s'est pas éveillé : le voici
A Scyros, où déjà son renom le précède,
Et devant la maison du vieux roi Lycomède,
Cachée en ces jardins où le laurier fleurit.

A ce moment, Achille s'éveille, et levé à demi, sans être vu de Thétis et des Néréïdes, écoute les paroles de sa mère, avec curiosité d'abord, puis avec une impatience indignée. — Thétis continue :

Or, voici quel projet est né dans mon esprit.
Lycomède, privé d'une épouse qu'il pleure,
A des filles, orgueil charmant de sa demeure.
Je veux que mon Achille, à cette heure endormi,
Caché sous les habits d'une vierge parmi
Ces princesses, grandisse et vive au milieu d'elles.
Cependant vous serez à mon secret fidèles;
Ainsi j'éviterai les embûches du sort.
Que plus tard, affrontant les Kères de la mort,
Suivant Arès tueur de guerriers, dans la plaine,
Il tombe pour venger la querelle d'Hélène,
Ayant d'un rouge sang teint l'affreux Simoïs !
Il pourra de la sorte, étant mon divin fils,
Destructeur d'Ilios, périr l'âme ravie :
Car j'entends protéger sa gloire, et non sa vie.
Q'on me le prenne alors! mais jusque-là je veux
Cacher mon fils, mon cher Achille aux beaux cheveux,
Et savourer du moins ce bonheur éphémère
De protéger sa chère enfance!

A ce moment, Achille s'avance impétueusement et interrompt sa mère.

ACHILLE.

Eh! quoi, ma mère!
Dis-tu cela!

Sur un signe de Thétis, les Néréïdes entrent dans la grotte et disparaissent.

SCÈNE II.

THÉTIS, ACHILLE.

ACHILLE, continuant.

Quoi donc! moi dont les premiers jeux
Furent de terrasser, dans les antres neigeux,
Des louves, et qui fus instruit par le centaure
A faire voir mes bras tout sanglants à l'aurore!
Moi qui perçais les ours de mes flèches d'airain!
Moi qui sous le grand ciel redoutable et serein,
Dans mes deux mains d'enfant encor toutes petites
Emportais, pour jouer, les maisons des Lapithes,
Et qui pour rafraîchir mes yeux jamais lassés,
Baignais mon large front dans les fleuves glacés,
Je me résoudrais, moi que le carnage affame,
A porter lâchement des parures de femme!
Héros, je descendrais à des calculs si bas!
Tu me veux, disais-tu, garder pour les combats?
Une telle prudence, ô Reine, est trop subtile,

Et ne conviendrait pas à la mère d'Achille.
Que, portant la cuirasse et le casque mouvant,
Je succombe avec Troie, ou meure auparavant,
La mort, dont j'attendrai la blessure inconnue,
Dès qu'elle paraîtra, sera la bien venue.
Le laboureur obscur peut fuir ses sombres yeux;
Mais les jeunes héros de la race des Dieux
Doivent, comme au devant d'une amante fidèle,
Sitôt qu'elle apparaît, courir au devant d'elle.
Leur sang impatient, fait pour couler à flots
Délivré par l'épée ou les lourds javelots,
Et qui ne connaît pas l'ennui des terreurs vaines,
S'indigne d'être obscur et caché dans leurs veines;
Et lui-même, cherchant partout le coup mortel,
Il veut montrer sa pourpre à la clarté du ciel!
Ainsi, ne cède pas à ta douleur stérile,
Et laisse-moi combattre et vivre.

THÉTIS, avec tendresse.

O mon Achille!
Obéis à ta mère. O mes seules amours,
Qu'importe que tu sois ignoré quelques jours!
Zeus lui-même, jadis, parmi les chasseresses
Prit les traits d'une vierge errante aux longues tresses!
Obéis maintenant! Bientôt, semant l'effroi,

Tu combattras parmi les hommes, comme un roi;
Mais laisse auparavant, quittant leurs territoires,
Les princes Achéens assembler leurs nefs noires,
Et laisse-moi, touché par mes ennuis secrets,
Cacher ta chère tête!

ACHILLE.

Et quand je le voudrais,
Crois-tu donc que bientôt mes fureurs dans cette île
Ne révéleraient pas le sang bouillant d'Achille?
Change mes vêtements : pare-moi, si tu veux,
Et mets des joyaux d'or jusque dans mes cheveux :
Mère, je meurtrirais les mains des jeunes filles!
Crois-tu donc que mes doigts, mal faits pour les aiguilles,
Respecteraient, malgré tes discours mensongers,
Les agiles fuseaux et les thyrses légers,
Et que j'éviterais, fileuse sans mémoire,
D'émietter en morceaux les quenouilles d'ivoire!
Mère, je ne suis bon qu'à lutter, comme un roi,
Au sein de la bataille implacable.

THÉTIS.

Tais-toi!
Regarde.

A ce moment, Deïdamia, Thoé, Zeuxo et Perséis sortent de la maison de Lycomède et traversent lentement la scène. — Deïdamia marche la première; ses sœurs portent des fleurs et des gâteaux de miel. Elles vont déposer ces offrandes sur l'autel, devant lequel elles se prosternent, tandis que Deïdamia, élevant ses bras, semble invoquer les Dieux.

SCÈNE III.

THÉTIS, ACHILLE, DEÏDAMIA, THOÉ, ZEUXO, PERSÉIS.

ACHILLE, *regardant Deïdamia.*

Dieux! Quelle est cette vierge si belle?
Telle, faisant éclore à ses pieds l'asphodèle,
Parut Cypris, et telle en nos bois Artémis
Accourt d'un pas léger.

THÉTIS.

Regarde-la, mon fils!

A part.

Et toi, tyran des dieux, Amour, viens à mon aide!

Haut, à Achille.

C'est Deïdamia, fille de Lycomède.

ACHILLE, *extasié.*

Ah! dis plutôt qu'elle est l'astre délicieux
Qui fait pâlir les traits du soleil dans les cieux!
Dis qu'elle est la déesse adorable aux longs voiles
Que suivent chastement les chœurs dansants d'étoiles,
Et dont la Nuit en pleurs caresse les cheveux!
Ou plutôt dis qu'elle est ma vie, et si tu veux
Que ma misère trouve en ton âme un asile,

Dis-moi qu'elle est l'épouse et l'amante d'Achille !
Ma mère, dis cela, car le brûlant désir
S'abattant sur mon cœur, est venu le saisir,
Depuis que mon regard altéré la contemple !
Deïdamia ! Dieux !

DEÏDAMIA, *à ses sœurs.*

Mes sœurs, allons au temple
De Pallas.

De nouveau les Princesses traversent lentement la scène, puis disparaissent par l'avenue qui touche à la maison de Lycomède, toujours suivies par les yeux de Thétis et d'Achille, qui les regardent encore après que le spectateur les a perdues de vue.

THÉTIS, *à Achille.*

O mon cher enfant !

ACHILLE, *les yeux tournés vers Deïdamia.*

Je ne veux rien
Que Deïdamia. Non, plus rien qu'elle !

THÉTIS, *vite, et d'un ton persuasif.*

Eh ! bien,
Fais ce que je voulais, entre dans sa demeure !
Inconnu, tu vivras auprès d'elle à toute heure,
Et tu pourras la voir sans cesse.

Thétis, poursuivant son projet de déguiser Achille en jeune fille, profite du trouble où ses paroles ont jeté Achille, et se hâte de dénouer les liens qui relèvent sa tunique, de façon que tombant alors jusqu'à ses pieds, cette tunique semble être un vêtement de femme.

ACHILLE, à Thétis.

Que fais-tu?

THÉTIS.

Rien. J'allonge ces plis. Vois, n'es-tu pas vêtu
Comme elle?

Thétis dénoue les cheveux relevés sur le front d'Achille, qui alors ruissellent sur son cou et sur ses épaules.

ACHILLE.

Que fais-tu ma mère?

THÉTIS.

Je délivre
Tes cheveux ruisselants.

ACHILLE, tout à sa pensée.

Être près d'elle! y vivre!

THÉTIS.

Maintenant, le manteau.

Elle ôte son manteau, qu'elle met à Achille, et dont elle dispose gracieusement les plis sur son épaule.

ACHILLE.

Mais...

THÉTIS, enveloppant Achille de son regard.

Sans cesse, mon fils,

Comme le pâtre admire une touffe de lys,
Tes yeux s'enivreront de sa blancheur sans tache!

ACHILLE.

Vivre près d'elle!

THÉTIS.

Viens, que sur ton bras j'attache
Ce bracelet.

Elle ôte son bracelet, et l'attache au bras d'Achille.

ACHILLE, toujours en proie à son rêve.

Ses yeux! quoi! je pourrais encor
Les revoir!

THÉTIS, ôtant le collier qui pare son cou.

A ton cou ce collier de fleurs d'or.

ACHILLE, au moment où Deïdamia disparaît.
Avec un cri de douleur.

O mère, elle s'enfuit!

THÉTIS.

Qu'importe! si tu restes!

ACHILLE, abattu.

Elle emporte ma vie en ses regards célestes!

A ce moment, les Princesses sont tout à fait hors de la portée du regard, et, en même temps, le déguisement d'Achille en jeune fille, qui s'est fait sous les yeux du spectateur, est complétement achevé. — Profitant de son abattement, comme elle profitait tout à l'heure de son exaltation, Thétis ardemment, rapidement, et sans le laisser respirer, continue à tâcher de l'entraîner dans le projet qu'elle caresse.

SCÈNE IV.

THÉTIS, ACHILLE.

THÉTIS, admirant le déguisement d'Achille.

Certes, ainsi vêtu, mon Achille, on croirait
Voir une chasseresse errante en sa forêt,
Ou, la lèvre pareille à la grenade mûre,
Quelque jeune amazone ayant quitté l'armure.
Écoute maintenant.

Marchant devant lui pour lui enseigner les poses et la démarche d'une jeune fille.

Il faut marcher ainsi
Timidement, voiler ton regard adouci.

ACHILLE, avec une dernière velléité de résistance.

Ma mère!...

THÉTIS.

Ne dis rien. Calme un peu ton délire.
Laisse éclater en paix la fleur de ton sourire.
Ne sois plus l'intrépide et fier Achille; sois
Une jeune princesse à la charmante voix.
Oui, mon enfant, il faut sous ta belle parure
Voiler ton large front avec ta chevelure;
Mais, je le jure, aussi tu seras bien payé

D'avoir eu pour ta mère un instant de pitié.
Plus tard, bientôt, mon fils, tu trouveras ta proie,
Le Xante ensanglanté, les champs fumants de Troie
Et tous les Phrygiens se hâtant vers ses murs!
Sur leurs frères fauchés comme des épis mûrs,
Devant ta claire épée ils fuiront comme un rêve,
Et le cruel Hector, dont le front haut s'élève
Comme un chêne que nul ouragan ne ploya,
Tombera sous tes coups.

ACHILLE.

O Deïdamia

Les Princesses paraissent, revenant du temple de Pallas par l'avenue qu'elles ont prise pour s'y rendre, et en même temps le roi Lycomède sort de sa maison. — Ne voulant pas encore se montrer à eux, Thétis entraîne Achille, en lui disant :

THÉTIS.

Viens !

SCÈNE V.

DEÏDAMIA, THOÉ, ZEUXO, PERSÉIS, LYCOMÈDE.

LYCOMÈDE, allant au devant des Princesses.

Mes filles, —

DEÏDAMIA.

Seigneur, —

LYCOMÈDE.

O mes filles chéries!
Vous faites bien, laissant les parures fleuries,
De prosterner vos fronts pour supplier les Dieux,
Car le temps est venu des combats furieux,
Et le grand cri d'Hellas, dans sa gloire outragée,
Épouvante déjà toute la mer Egée.
L'âge a glacé mon sang. A peine puis-je encor
Dans ma tremblante main tenir le sceptre d'or :
Mais, pour vous protéger, vieux lion tutélaire,
Je saurai, s'il le faut, réveiller ma colère.

La mer s'agite doucement, et on entend monter des flots comme un bruit de voix et de lyres.

Cependant, écoutez!

THOÉ.

La mer, la vaste mer
A tressailli.

PERSÉIS.

Des voix montent du gouffre amer.

ZEUXO.

Le flot, dont quelque charme apaise les délires,
Frémit.

PERSÉIS.

C'est comme un bruit de flûtes et de lyres.

THOÉ.

Et dans l'air embrasé de feux brille une iris.

ZEUXO.

O mes sœurs !

PERSÉIS.

Qu'ai-je vu !

Thétis paraît, tenant par la main Achille toujours déguisé en jeune fille, et s'avance vers Lycomède.

LYCOMÈDE.

La déesse Thétis !

Lycomède et ses filles s'inclinent et se prosternent devant la déesse, avec une respectueuse épouvante.

SCÈNE VI.

DEÏDAMIA, THOÉ, ZEUXO, PERSÉIS, LYCOMÈDE, THÉTIS, ACHILLE.

THÉTIS.

Roi, je t'amène Iphis, la sœur de mon Achille.
Des Nymphes l'élevaient jusqu'à ce jour, dans l'île
D'Icos, mais quand sévit la guerre affreuse, ô Roi,
Je lui donne un plus sûr asile près de toi.

Vois ses yeux ! Vois son air indomptable et sauvage !
N'est-ce pas bien l'aspect farouche, et le visage
De son frère ? Voilà pourquoi je craindrai moins
Pour elle, après l'avoir confiée à tes soins.
Toujours en sa fureur guerrière, dès l'aurore,
Iphis veut porter l'arc et le carquois sonore,
Et, comme l'amazone, en son dédain jaloux
Se refuse à marcher sous le joug d'un époux.
Mais dompte cette ardeur à mes désirs contraire,
Car c'est assez que j'aie à craindre pour son frère.
Qu'elle vive les jours de sa jeune saison
Parmi tes filles, sous tes yeux, dans ta maison,
Et qu'elle porte, au lieu des armes abhorrées,
Les corbeilles, les fleurs et les choses sacrées.
Qu'elle ne coure pas dans les noires forêts !
Et surtout, car plus tard tu te repentirais,
Défends-lui d'approcher du port et du rivage.
Déjà bien des vaisseaux, apportant le ravage
Dans quelque île paisible, ont parcouru ces mers,
Ne nous expose pas à des regrets amers,
Et mon cœur bénira ton auguste vieillesse
Si tu me rends un jour cette enfant.

LYCOMÈDE.

O Déesse !

Tes yeux ont honoré mon front devenu blanc,

Puisque tu m'as choisi pour veiller sur ton sang.
Viennent les Phrygiens et, maître de cette île,
Je saurai protéger la jeune sœur d'Achille,
Ou mourir.

THÉTIS, étendant sa main sur la tête d'Achille.

Adieu, toi que bercèrent mes bras!
Toi, mon trésor!

ACHILLE

Ma mère!

THÉTIS, avec un sourire caressant.

Et tu m'obéiras?

ACHILLE.

Oui.
Regardant Deïdamia avec amour.
Sans regret!

THÉTIS, montrant les Princesses.

Ainsi, demeure au milieu d'elles.

LYCOMÈDE.

Et mes filles seront ses jeunes sœurs fidèles.
O Déesse! retourne en paix sous ton flot bleu.

THÉTIS.

C'est bien, Roi. Je me fie à ta promesse. Adieu.

Lycomède et ses filles se prosternent devant Thétis, tandis qu'Achille jette des regards enflammés sur Deïdamia. La déesse se retire, d'abord comme à regret, puis résolûment, et traverse la grotte ouverte sur les flots, en adressant de la main à son fils un dernier adieu.

SCENE VII.

DEÏDAMIA, THOÉ, ZEUXO, PERSÉIS, LYCOMÈDE, ACHILLE.

Dès que la déesse s'est éloignée, et tandis que Deïdamia, qui reste à l'écart avec son père, admire le fils de Thétis, ses sœurs s'empressent autour d'Achille déguisé, avec une curiosité enfantine, et le pressent de questions, auxquelles le héros, distrait et toujours occupé de Deïdamia, ne répond que par des signes d'impatience.

DEÏDAMIA, bas à Lycomède.

Que cette sœur d'Achille a de beaux yeux ! Je tremble
En la regardant. Si son frère lui ressemble
En effet, qu'elle aura dès jours charmants et doux,
La vierge qui pourra le nommer son époux !

ZEUXO, regardant Achille.

Iphis !

PERSÉIS, à ses sœurs.

Mes sœurs, elle a le port d'une guerrière.

ZEUXO.

Tout à fait.

THOÉ, à Achille.

L'arc en main courir dans la clairière
Parmi les rocs, livrer ton visage à l'affront
De l'âpre vent d'hiver qui te rougit le front,
C'est donc un passe-temps bien doux?

PERSÉIS, à Achille.

Pas de réponse?

ZEUXO.

Et livrer tes bras nus aux griffes de la ronce
Te ravit?

THOÉ.

Et meurtrir parmi les pics neigeux
Tes pieds blancs?

ZEUXO.

Nous pourrons t'enseigner d'autres jeux.

PERSÉIS.

Comme nous tu tiendras, Iphis, une quenouille.

THOÉ.

Et garde que la laine en filant ne s'embrouille.

ZEUXO.

Tu pourras, sous tes doigts mariant les couleurs,
Tisser une tunique où vivent mille fleurs.

THOÉ.

Nous savons des chansons que tu n'as pas connues.

PERSÉIS.

Et le soir, mariant nos danses ingénues, —

ZEUXO.

Loin de la Nymphe errante et des Faunes moqueurs, —

THOÉ.

Nous tenant par la main, —

ZEUXO.

Nous mènerons des chœurs
Près du lac où la lune en tremblant se reflète.

THOÉ.

N'est-ce pas?

PERSÉIS.

N'est-ce pas, Iphis?

ZEUXO.

Es-tu muette?

DEÏDAMIA, à ses sœurs.

Taisez-vous, elle est triste et cherche le repos.

PERSÉIS.

Non pas. Les rires d'or et les joyeux propos
Consolent.

ZEUXO, à Achille.

Qu'as-tu donc? Veux-tu porter la lance
Comme un chef?

Comme précédemment, Achille reste muet.

THOÉ.

Ah! qu'elle a du goût pour le silence!

PERSÉIS.

Tu ne parles jamais?

THOÉ.

Qui donc te le défend?

LYCOMÈDE.

Allons, votre babil irrite cette enfant.
Venez. Votre gaieté bruyante l'effarouche.
Toi, Deïdamia, qui toujours sur ta bouche
As, ainsi qu'un trésor divin qui vient du ciel,
La persuasion aux paroles de miel,
Reste avec elle; sois pour elle, je t'en prie,
Ce qu'est la grande sœur pour une sœur chérie,
Et lui montrant en nous, ma fille, des amis

Discrets, fidèlement à sa mère soumis,
Tâche qu'elle consente, ainsi que je l'espère,
A nous aimer un peu.

DEÏDAMIA.

Je tâcherai, mon père.

LYCOMÈDE, bas à Deïdamia.

Donc, prends cette jeune âme, ainsi qu'un oiseleur
Sa proie !

Lycomède et les Princesses, sauf Deïdamia, entrent dans le palais. Dès qu'ils y sont entrés, Deïdamia va à Achille, avec une expression de sympathie et de franchise.

SCÈNE VIII.

DEÏDAMIA, ACHILLE.

DEÏDAMIA.

Et maintenant, veux-tu? pardonne-leur.
Iphis, mes jeunes sœurs ont des têtes frivoles,
Mais ne te souviens pas de leurs vaines paroles.
Sois bonne. Je sais bien qu'elles n'auraient pas dû
Te quereller ainsi.

ACHILLE.

Je n'ai pas entendu

Ce qu'elles disaient! car de leurs lèvres vermeilles
Tandis que s'enfuyaient ces murmures d'abeilles,
Comme de gais oiseaux voltigent sans effroi,
O Deïdamia, je ne voyais que toi!
J'admirais tes yeux fiers et ta candeur insigne,
Ton col flexible et pur comme celui d'un cygne,
Et ces lèvres en fleur, douces quand tu le veux,
Belle nymphe, et le lourd trésor de tes cheveux
Qu'éparpille le vent caressant et rebelle !

DEÏDAMIA.

Quoi! chère âme, est-il vrai que tu me trouves belle?

ACHILLE.

Plus qu'Aphrodite au sein mystérieux des flots,
De la mer amoureuse apaisant les sanglots,
Et brillant sous l'azur comme un astre sans voiles!
Plus que la Nuit au front environné d'étoiles!

DEÏDAMIA, *s'asseyant.*

Et toi, n'es-tu pas belle aussi! Le sang divin
Dans tes veines d'azur ne coule pas en vain,
Et, comme le rayon qui ride l'onde obscure,
La grâce de Thétis rit dans ta chevelure,
Qui sur ton cou bruni déroule ses flots d'or!

ACHILLE, amoureusement.

Deïdamia !

DEÏDAMIA.

Viens ici. Plus près encor.
Je veux baiser ce front de guerrière indocile,
Iphis !

Achille s'agenouille devant Deïdamia qui le baise au front.

ACHILLE *se relevant. — Avec transport.*

Je ne suis pas Iphis ! Je suis Achille !

DEÏDAMIA.

Dieux !

ACHILLE.

Oui, je suis ce chef choisi par le destin
Pour abattre Ilios, et qui, dès le matin
De ma vie, entouré de mille funérailles,
Dois tomber dans ses champs et devant ses murailles.
Pour éloigner ce jour qui cause son souci,
Ma mère près de toi vint me cacher ainsi,
Et certes j'aurais fait des choses encor pires
Pour vivre, fût-ce un jour, dans l'air que tu respires !
Mais à présent que sous le ciel, pour m'embraser
Ta rouge lèvre a mis sur mon front ce baiser,
Je courrai vers la Mort pourprée, altéré d'elle !

Car quel rêve atteignant les astres d'un coup d'aile,
Vaudrait pour moi l'instant céleste où dans ce lieu,
Ta bouche avec son souffle adoré m'a fait dieu!
Oh! que les Lyciens, que tous les Priamides
Viennent, précipitant leurs pas de sang humides,
Et que je voie autour de mon front souverain
Le grand vol furieux des javelots d'airain!
Qu'un tas de guerriers morts devant moi s'épaississe,
Et tombant à mon tour, que la Moire obscurcisse
Mes yeux, dans ce tumulte et parmi ces rumeurs!

DEÏDAMIA, *défaillante, avec amour.*

Ne parle pas ainsi, car si tu meurs, je meurs.

ACHILLE, *transporté de joie.*

Qu'entends-je!

DEÏDAMIA.

A l'heure même où nous nous rencontrâmes,
Le même trait de flamme a brûlé nos deux âmes.

ACHILLE.

Oh! s'il en est ainsi, vers les sanglants périls
Je marcherai, plus fier que les Dieux, dussent-ils
Éblouir de leurs feux mes yeux visionnaires,
Et faire sur mes pas éclater leurs tonnerres!
O Deïdamia, chaste fille de roi!

Je sens bondir d'amour et bouillonner vers toi,
Dont le regard d'argent ressemble aux nuits sereines,
Chaque goutte du sang qui frémit dans mes veines !

Voyant que Deïdamia s'incline, pâle et languissante.

Mais qu'as-tu ? sur tes yeux tremblants et demi-clos
Passe un voile, ta lèvre étouffe des sanglots,
Et fait voir, douce fleur que la pourpre déserte,
La pâleur de la mort sur ta bouche entr'ouverte !

A ce moment, Lycomède sort du palais, s'arrête au fond de la scène, et sans être vu, assiste à l'entretien de Deïdamia et d'Achille.

DEÏDAMIA, avec mélancolie.

Heureux les époux rois assis dans leur maison,
Qui voient tranquillement s'enfuir chaque saison,
L'époux tenant son sceptre, environné de gloire,
Et l'épouse filant sa quenouille d'ivoire !
Mais le jeune héros qui, le glaive à son flanc,
Court dans le noir combat, les mains teintes de sang,
Laisse sa femme en pleurs dans sa haute demeure.

ACHILLE.

Les Dieux ne voudront pas sans doute que je meure
Si tu m'aimes ! L'amour est plus fort que la mort.

DEÏDAMIA.

Hélas ! rien ne prévaut contre l'arrêt du sort.
Mais, si l'ombre déjà baigne ta chevelure

Et si tu dois tomber sous une flèche obscure, —
Esclave du destin qui te sacrifia,
Laisse, laisse du moins ta Deïdamia
Qui sera veuve, hélas ! avant que d'être épouse,
Te prendre quelques jours à l'amante jalouse
Vers laquelle tu cours au rivage Troïen !

ACHILLE.

O Deïdamia ! tête chérie ! — Eh bien,
Viens d'abord nous jeter aux genoux de ton père !
Que sa pitié m'accueille, ainsi que je l'espère,
Chère âme, ou qu'il me faille, errant, porter mes pas
Loin de ton île heureuse, il ne me convient pas
D'abuser ce héros divin par quelque ruse.
Que sa bouche, d'ailleurs, me condamne ou m'excuse,
Il me tarde, en mon cœur, de quitter promptement
Ces parures d'emprunt et ce déguisement.
Allons donc sans retard, car ce souci me presse,
Supplier le Roi !

LYCOMÈDE, *s'avançant, à Achille.*

Sage enfant d'une déesse,
Le Roi vous entend.

DEÏDAMIA, *tombant aux pieds de Lycomède.*

Sois secourable pour nous,

Mon père ! Vois, j'embrasse en pleurant tes genoux,
Car ce fut pour Thétis une invincible joie
De m'offrir au cruel Amour, comme une proie.

LYCOMÈDE, à Deïdamia.

Deïdamia, viens, heureuse, dans mes bras,
Et relève ton front !

A Achille.

Achille, tu seras
Mon fils. Donc évitons toute parole amère.
Car il suffit du sang illustre de ta mère
Pour qu'à ton nom tout cède, et dans tes yeux de feu
Éclate assez l'audace et la fierté d'un dieu.
Cependant, obéis à ta mère divine !
Étouffe la fureur qui brûle ta poitrine.
Bientôt les Danaens jaloux t'emmèneront.
Jusque-là, que ces clairs joyaux cachent ton front,
Car il faut que pour tous tu sois Iphis encore !
Il est prochain, ce jour à la sanglante aurore
Où tu reviendras pour tous Achille ; mais,
Alors tu quitteras cette île pour jamais.

DEÏDAMIA, avec un sanglot.

Hélas !

LYCOMÈDE, à Deïdamia.

Les Immortels, si ta bouche les prie,

Éloigneront ce jour fatal. O ma chérie,
Laisse fuir loin de toi les noirs pressentiments,
Et nous invoquerons Zeus, gardien des serments,
Dont le tonnerre brille en déchirant la nue !
Mais va près de tes sœurs, car leur âme ingénue
Loin de toi s'inquiète, — et calme ton effroi,
Puisque ton jeune époux doit marcher avec toi
mon seuil que la mer tumultueuse effleure,
Et, sa main dans la tienne, entrer dans ma demeure !

Deïdamia et Achille, que Lycomède suit du regard, entrent dans le palais.

SCÈNE IX.

LYCOMÈDE.

Vénérable Thétis, déesse aux beaux cheveux,
J'ai lu dans ta pensée, ainsi que tu le veux,
Puisque tu désiras, par ta ruse subtile,
Que Deïdamia fût l'épouse d'Achille.
Sur ma fille adorable ayant jeté les yeux,
Tu veux mêler mon sang avec celui des Dieux,
Et moi, vieillard sans fils et que l'âge terrasse,
J'accepte cet honneur que tu fais à ma race.
Mais que nul ne pénètre avec un air moqueur
Le secret endormi dans le fond de mon cœur !

Car à quoi servirait au vieux Roi qu'on renomme
D'avoir déjà vécu deux fois l'âge d'un homme,
S'il parlait au hasard comme les jeunes fous,
Celui dont cent combats ont usé les genoux,
Et qui montre au regard des Dieux qui le protége,
Le baiser de l'Hiver sur sa barbe de neige !

Il entre dans le palais. Le rideau tombe.

ACTE DEUXIÈME.

Le décor est le même qu'au premier acte. — Au lever du rideau, les Princesses semblent se concerter, et regardent si personne ne peut les entendre. — Zeuxo est allée reconnaître les alentours, et d'un pas discret revient près de ses sœurs.

SCÈNE PREMIERE.

DEÏDAMIA, THOÉ, ZEUXO, PERSÉIS.

DEÏDAMIA, à Zeuxo.

Eh bien?

ZEUXO.

Les serviteurs sont tous dans la maison.

PERSÉIS.

Sans craindre nulle embûche et nulle trahison,
Nous pouvons causer là, sous la clarté sereine.

THOÉ.

Ainsi parle.

PERSÉIS.

Dis-nous ce qui cause ta peine.

DEÏDAMIA.

O mes sœurs, vous savez que de tous inconnu,
Déguisé parmi nous, Achille est devenu
Mon époux, et qu'enfin, gage cher et suprême
De notre ardent amour, le doux Néoptolème
Est né, mystérieux enfant, beau comme un lys.
Certes un jour, ainsi que l'a prédit Thétis,
Et d'avance il faut bien que mon cœur y consente,
Achille doit s'enfuir sur la mer gémissante.
Alors, mes sœurs, alors sous le fouet du Destin,
Mon époux exilé, vers un pays lointain
S'en ira, chef terrible, en emportant ma joie,
Tuer et puis mourir au rivage de Troie.
Je m'y résignerai, les dieux m'en sont témoins!
Et sans faiblir, mais ô mes sœurs, je veux du moins
Comme un vin généreux dont le feu nous enivre,
Savourer les instants qui me restent à vivre.
Or voici ce qui cause à présent mon effroi :
Ulysse est tout à l'heure arrivé près du Roi ;
Diomède avec lui, fendant la mer stérile,
Est venu. J'en suis sûre, ils veulent mon Achille!

ZEUXO.

Que dis-tu ?

DEÏDAMIA.

C'est bien lui qu'ils veulent ! mon trésor !
Excepté lui, qui donc peut affronter Hector,
Chef plus impétueux que le flot du Scamandre ?

PERSÉIS.

En effet.

DEÏDAMIA.

Je te dis qu'ils viennent me le prendre !
Ils se seront doutés de son déguisement ;
Et, comme il vaincra seul dans Ilios fumant,
Ayant dompté Priam et détruit sa demeure,
Ils vont me le ravir, et c'est pourquoi je pleure.

PERSÉIS, pensive.

Ulysse et Diomède ici !

ZEUXO, à Deïdamia.

Ma sœur, dis-moi,
Ton Achille a-t-il su qu'ils sont ici ?

DEÏDAMIA.

Le Roi
L'a dit devant lui. Comme un fauve en son repaire,

Achille se taisait. Mais sitôt que mon père
Fut sorti, je le vis d'un geste vif et prompt
S'élancer. La rougeur lui montait sur le front.
Alors, ô Perséis, comprends mon épouvante !
Il voulait aller voir ces héros que l'on vante.
Il voulait leur crier : « Celui que cherche Hellas
Pour venger le divin Atride Ménélas,
Le voici ! » Vainement je le nommais parjure,
Et je baignais de pleurs sa belle chevelure ;
Comme un jeune cheval qui, la colère au flanc,
S'élance dès qu'il a senti l'odeur du sang,
Il bondissait. « O sort cruel qui me diffames,
Criait-il, c'est assez vieillir parmi les femmes ! »
Puis tout à coup, prenant mon front pour le baiser,
Il me nommait : Peureuse ! et moi, pour l'apaiser,
Je lui montrais son fils, riant comme l'aurore !
Enfin, il l'a promis, pour quelques jours encore
Il se résigne à feindre ; il veut bien que mes pleurs
S'épuisent ! Mais j'ai peur de ces deux oiseleurs,
De ce fier Diomède à l'œil fauve, et d'Ulysse,
Qui me déchireront le cœur avec délice.

PERSÉIS.

Ulysse !

THOÉ.

On dit qu'il est rusé comme un voleur.

ZEUXO.

La persuasion sourit comme une fleur
Sur sa lèvre.

PERSÉIS.

Il est plein d'inventions subtiles.

THOÉ.

Il en a plus que n'ont d'épis les champs fertiles, —

ZEUXO.

Et sage, varié, formidable, étonnant,
Il volerait la foudre aux mains de Zeus tonnant.

THOÉ.

Toujours l'ingénieux mensonge ourdit ses trames.

PERSÉIS.

Je le veux bien. Mais nous, mes sœurs, nous sommes femmes;
Une chasse au filet ne peut nous faire peur,
Et nous réussirons à tromper ce trompeur.

DEÏDAMIA.

Mais comment? Car il est cruellement habile.

PERSÉIS.

Tant mieux. Comme toujours, ton indomptable Achille,

Fou comme à l'ordinaire, en ses emportements
Laissera soupçonner son sexe à tous moments.
Or il convient, voilà ce que je te propose,
Que chacune de nous l'imite en toute chose.
— J'ai raison, je le vois à vos rires malins!
S'il a des mouvements rudes et masculins
En dépit du peplos léger qui le décore,
Nous en aurons qui soient plus masculins encore;
Si bien qu'Ulysse, en quête ainsi qu'un tigre à jeun,
Aura près de lui cinq Achilles au lieu d'un!

ZEUXO.

L'ingénieuse ruse et l'excellente idée!

THOÉ.

Voici mon père, Ulysse et le fils de Tydée,
Beau comme un immortel, avec son casque d'or.
Fuyons les rois divins.

Les Princesses se retirent avec précaution, et en même temps entrent Lycomède, Ulysse et Diomède, sortant du palais.

SCÈNE II.

LYCOMÈDE, ULYSSE, DIOMÈDE,
puis des SERVANTES DE LYCOMÈDE.

LYCOMÈDE, à ses hôtes.

Je vous le dis encor,

Soyez les bienvenus, ô rois, héros fidèles !
Puissiez-vous, détruisant les hautes citadelles
D'Ilios, retourner vainqueurs dans vos maisons !

DIOMÈDE.

Devant tes cheveux blancs, ô Roi, nous nous taisons,
Car, divin conducteur d'hommes, tu fus naguères
Sage dans les conseils et brave dans les guerres.

LYCOMÈDE.

Que n'ai-je l'âge encor de porter sans plier
L'arc et les javelots et le lourd bouclier !
Mais la froide vieillesse est un mal sans remède.
Avec toi, sage Ulysse, avec toi, Diomède,
Je partirais d'ici, laissant les autres soins,
Pour courir à l'horreur des combats ! Mais du moins,
Je vous offre des nefs, des guerriers et des armes.

DIOMÈDE.

O Roi, mon hôte, par ce discours tu nous charmes, —

ULYSSE.

Mais à quoi bon vouloir tromper tes yeux vainqueurs ?
Car ta sagesse est grande et tu lis dans les cœurs.
Ton secours nous allége et nous peut être utile, —

DIOMÈDE.

Mais surtout nous venons ici chercher Achille !

LYCOMÈDE.

Oui, je sais qu'il vous faut, par un destin jaloux,
Trouver ce jeune chef. Mais pourquoi croyez-vous
Qu'il soit ici ?

DIOMÈDE, *vivement.*

Par un pressentiment...

LYCOMÈDE.

Sans cause,
A coup sûr !

DIOMÈDE, *bas à Ulysse.*

Le vieillard rusé sait quelque chose.

ULYSSE.

On dit qu'il a quitté les monts Thessaliens.

DIOMÈDE.

Quelle hospitalité le ravit ?

ULYSSE.

Quels liens
L'enchaînent ?

DIOMÈDE, *à Lycomède.*

On l'a vu sur cette mer Égée
Où rit ton île en fleur dans les flots verts plongée.

ULYSSE.

Est-il à Sciathos qui produit le doux vin?

DIOMÈDE.

Dans Cythère, vouée à son culte divin?

ULYSSE.

Dans la blonde Eurétrie aux retraites ombreuses?

DIOMÈDE.

Ou bien dans Myrtos?

LYCOMÈDE, à Diomède.

Roi, les îles sont nombreuses!

DIOMÈDE.

Nous trouverons, parmi leurs flots échevelés,
Cet enfant!

LYCOMÈDE.

Cherchez-le, puisque vous le voulez.
S'il plaît aux Immortels, dont la puissante race
Vit sur l'Olympe, alors vous trouverez sa trace.
Mais comme cependant tout est facile aux Dieux,
S'il leur plaît d'aveugler votre esprit et vos yeux,
Vous pourrez voir Achille et ne pas le connaître.

DIOMÈDE, *bas à Ulysse.*

Eh bien! devines-tu la ruse de ce traître?

ULYSSE, *bas à Diomède.*

Patience!

LYCOMÈDE.

Mon or, mes guerriers et mes nefs
Sont à vous. Recevez ces dons, illustres chefs,
Et que Zeus tout-puissant, pour le reste vous aide!

ULYSSE.

Oui, ton offre a charmé nos cœurs, ô Lycomède,
Et nous partirons, fiers de tes riches présents.

Des servantes de Lycomède sortent du palais, apportant un grand cratère plein de vin, et des coupes, qu'elles posent sur la table de pierre. Puis elles remplissent les coupes et se retirent.

DIOMÈDE, *à Lycomède.*

Mais ne verrons-nous pas l'espoir de tes vieux ans,
Tes filles? car on dit que ces jeunes princesses,
Dont la beauté ressemble à celle des déesses,
Ordonnent ta demeure avec un soin jaloux.

LYCOMÈDE.

Certes, elles verront des héros tels que vous.
Mais faites-moi d'abord cette faveur insigne
De boire le doux vin récolté dans ma vigne,

En invoquant les Dieux heureux du ciel.

Prenant une coupe.

Zeus roi !

DIOMÈDE, de même.

Hermès !

LYCOMÈDE.

Phébos dont l'arc doré lance l'effroi,
Et dont nul meurtrier n'évite la vengeance !

ULYSSE, de même.

Pallas, clarté du ciel et de l'intelligence !

LYCOMÈDE.

Que leur force vous garde exempts de tout souci,
O mes chers hôtes, rois vénérés !

Aprés avoir fait les libations, Lycomède et ses hôtes boivent le vin resté dans leurs coupes, puis les remettent sur la table.

Mais voici
Mes filles.

Les Princesses paraissent et s'avancent vers leur père, ayant au milieu d'elles Achille, toujours déguisé.

SCÈNE III.

LYCOMÈDE, ULYSSE, DIOMÈDE,
ACHILLE, DEÏDAMIA,
THOÉ, ZEUXO, PERSÉIS,
puis des COMPAGNONS D'ULYSSE.

DIOMÈDE, apercevant les Princesses et Achille, à Lycomède.

Clairs regards ! cheveux d'or ! fronts de neige !

ULYSSE, *bas à Diomède.*

Allons, c'est à présent qu'il faut tendre le piége.
Je veux que cet Achille introuvable, s'il est
Parmi les vierges, reste aux mailles du filet.
Mais, ami, parle-leur d'abord, je tends mes toiles.

DIOMÈDE, *aux Princesses et à Achille qui se sont approchés.*

Comme on voit dans les cieux un groupe clair d'étoiles
Illuminant le front sinistre de la Nuit,
De même une lueur vous précède et vous suit,
Princesses, et vos fronts ont des clartés d'aurore.

DEÏDAMIA.

O rois, vos noms partout fameux, qui les ignore?
Ulysse et Diomède, illustres, sans rivaux,
Encor pleins de jeunesse, ont fait mille travaux
Dont Hellas est l'ardente et fière spectatrice.
La déesse aux yeux clairs, Pallas dévastatrice
Dans les combats sanglants vous mène par la main.
Puisse-t-elle bientôt, vous ouvrant un chemin
Vers les murs d'Ilios, en faire votre proie!

ULYSSE, *d'un ton affligé.*

Vœux stériles!

LYCOMÈDE.

Comment?

ULYSSE.

Dompter la grande Troie,
Nourrice de chevaux ! Fou qui l'espère encor !

LYCOMÈDE, de plus en plus surpris.

Pourquoi donc ?

ULYSSE.

Les Troïens ont pour leur chef Hector.

LYCOMÈDE.

Eh bien ?

ULYSSE.

Qui veut combattre Hector, court à sa perte.

LYCOMÈDE, indigné.

L'ai-je bien entendu ! C'est le fils de Laërte
Qui nous parle ainsi !

ULYSSE.

Roi, comment le vaincre, lui
Cet invincible ? Ainsi dans le ciel ébloui
La foudre éclate, et sur les collines prochaines
L'ouragan furieux déracine les chênes,
Tel le farouche Hector envoie au fleuve noir
Les guerriers et les chefs.

ACHILLE, dont la colère a grandi pendant le discours d'Ulysse, et qui ne pouvant plus se contenir, éclate enfin.

C'est ce qu'il faudra voir !

DEÏDAMIA, prenant Achille à part.

Souviens-toi de ce que tu m'as promis.

ACHILLE, bas à Deïdamia.

Chère âme,
Je m'en souviens ! Trembler comme la Peur infâme,
C'est facile, et j'y puis réussir aussi bien
Que cet Ulysse au cœur de lièvre.

DEÏDAMIA, avec tendresse.

Ne dis rien !

ULYSSE, continuant la conversation précédente.

Qui peut dompter l'éclair et défier l'orage ?

ACHILLE, avec une ironie méprisante.

Ce n'est pas la colombe, à coup sûr !

ULYSSE, bas à Diomède. — Lui montrant Achille.

Vois sa rage,
Cher Diomède. Achille est dans ma main. Je l'ai.

DEÏDAMIA, bas à Achille

Contiens-toi.

ACHILLE, sans l'entendre. A Ulysse.

Pour un roi, tu n'as pas bien parlé.
Que cet Hector, suivi de tous les Priamides,
Effraie au bois les cerfs et les lièvres timides,
Et les rois trop prudents aussi, je le veux bien !
Mais, qui sait ? on peut voir un héros Argien
Qui, pour forcer Hector à garder le silence,
Saura dans le combat le frapper de sa lance,
Ou qui le percera de son dur javelot,
Si bien qu'alors peut-être, avec un long sanglot,
Attirant les hiboux et les corbeaux funèbres,
Son âme de héros fuira vers les ténèbres,
Et que dans son sang noir de nos cœurs exécré
Le sol rouge et fumant sera désaltéré !

Achille, dans son transport, saisit une coupe pleine, et avidement la vide d'un trait.

ULYSSE, bas à Diomède.

Vois comme cette vierge, en sa fureur virile,
A vidé cette coupe énorme. C'est Achille !

DEÏDAMIA, à ses sœurs, leur montrant Achille.

Attention, mes sœurs, il se trahit.

Haut, et reprenant le mouvement même des paroles d'Achille.

Alors
On verra ce vainqueur dans la foule des morts

Traîné par des chevaux !

Elle prend une coupe et la vide d'un trait, comme a fait Achille.

THOÉ, de même.

Et dans la fange impure
Ses armes traîneront avec sa chevelure !

Elle prend une coupe et la vide d'un trait.

DIOMÈDE, bas à Ulysse.

Vois donc ! Mais c'est un autre Achille !

ZEUXO, de même.

Et sous les murs
Ses jours seront fauchés comme des épis mûrs !

DIOMÈDE, bas à Ulysse.

Elle aussi ! comme l'autre, elle a vidé la coupe !

PERSÉIS, de même.

Alors les chiens hideux et les corbeaux par troupe
Viendront, et le héros, sur les cailloux grossiers,
Servira de pâture aux oiseaux carnassiers !

Elle prend une coupe, la vide d'un trait et la remet sur la table. Les servantes de Lycomède entrent et emportent le cratère et les coupes, en même temps que les compagnons d'Ulysse et de Diomède paraissent au fond de la scène, portant un grand coffre peint de couleurs brillantes.

DIOMÈDE, bas à Ulysse.

Eh bien, quel est le sort de tes ruses subtiles ?

ULYSSE, à Diomède.

Je m'y perds! Nous n'avons ici que des Achilles,
Et chaque vierge a bu le vin comme un Titan,
Ou comme un sable d'or près du fleuve Océan
Absorbe l'onde amère et boit le flot humide.

LYCOMÈDE, à Ulysse et à Diomède.

Rois, mes filles quittant leur allure timide,
Ont parlé devant vous peut-être imprudemment.

DIOMÈDE.

L'amour du sol natal a dans leur sein charmant
Comme un rapide orage excité ces colères.

ULYSSE.

Mais permets qu'à présent, sous tes yeux tutélaires,
Nous puissions leur offrir quelques dons, par malheur
Indignes de l'éclat de leur jeunesse en fleur.

LYCOMÈDE.

Faites donc.

ULYSSE.

C'est du moins l'amitié qui les offre.

A ses compagnons.

Compagnons, venez là. Plus près. Videz ce coffre.

Tandis que les compagnons d'Ulysse vident le coffre et étalent sur la table les objets qu'il contient, Deïdamia attire ses sœurs à l'écart.

DEÏDAMIA, à ses sœurs.

Mes sœurs, n'oubliez pas, avec vos jeunes ans,
Qu'un piége sûr est là, caché sous leurs présents.
Imitons bien Achille et son âme hautaine,
Et ces marchands de ruse en seront pour leur peine !

Bas à Achille.

Toi, mon maître ! Obéis enfin.

ACHILLE, bas à Deïdamia.

Mais tu le vois,
Je suis très-doux.

DEÏDAMIA, bas à Achille.

Oui, comme un louveteau des bois !

ACHILLE, bas à Deïdamia. — Avec un sourire.

O femme !

DEÏDAMIA, bas à Achille.

Hector n'est pas ici, ni son armée.

ACHILLE, bas à Deïdamia.

Hector ! — Plût aux Dieux qu'il y fût, ma bien-aimée !

Les Princesses se rapprochent d'Ulysse, qui détaille et leur montre avec complaisance les présents étalés sur la table.

ULYSSE, aux Princesses.

Voici des thyrses chers à Bacchos, jeune dieu,

Des joyaux où reluit la chrysolite en feu,
Des tambourins légers, des quenouilles fleuries,
Des peaux de daim où l'or éclate en broderies, —

A Lycomède, en lui montrant les armes étalées à côté des joyaux.

Et ces armes pour toi, d'un curieux travail,
Où l'airain et l'étain sont rehaussés d'émail.
Car, même vieux, on a l'âme encore occupée
De tout ce qui charma la jeunesse.

Tandis que les Princesses admiraient les présents offerts par Ulysse, Achille est resté indifférent et distrait. Mais au moment où le roi d'Ithaque montre à Lycomède les belles armes qu'il a apportées, il relève la tête, puis tout à coup voyant parmi les armes briller la lame d'une épée nue, il la saisit et s'en empare avec un cri de joie.

ACHILLE, *saisissant l'épée.*

Une épée !

ULYSSE, *bas à Diomède.*

Vois comme il a saisi l'épée !

DIOMÈDE, *à Ulysse.*

Et dans sa voix
Entends-tu la fureur du héros ?

ULYSSE, *à Diomède.*

Cette fois,
C'est lui !

DEÏDAMIA, *rapidement à ses sœurs.*

Thoé ! Zeuxo ! Perséis ! A mon aide !

Vite pour dérouter Ulysse et Diomède,
Imitez la fureur qui dans ses yeux éclot !

Effrayées de l'imprudence du héros, les Princesses sont restées un moment interdites. Mais elles surmontent vite leur émotion, et averties par Deïdamia, elles s'empressent d'imiter l'une après l'autre le transport, le cri et le mouvement furieux d'Achille.

DIOMÈDE, à Ulysse.

Il est pris !

ACHILLE, toujours en proie à sa rêverie guerrière, et contemplant l'épée.

Une épée !

PERSÉIS, prenant un arc.

Un arc !

THOÉ, prenant un javelot.

Un javelot !

DEÏDAMIA, prenant un casque et le posant sur sa tête.

Un casque !

Saisissant un bouclier, dont elle se couvre.

Un bouclier brillant d'or !

ZEUXO, prenant une lance.

Une lance !

DEÏDAMIA.

Aux champs où le cruel Arès hurle et s'élance,
Toi, casque, ton cimier fait planer la terreur !

4

Toi, bouclier, ton choc arrête la fureur
De l'assaillant!

THOÉ.

Ainsi qu'une grenade mûre,
Dur javelot, tu mords et tu rougis l'armure!

PERSÉIS.

Grand arc, tu fais au loin voler des traits épars!

ZEUXO.

Lance, tu fais tomber les guerriers de leurs chars,
Et la main du héros par toi n'est pas trompée.

ACHILLE, *entraîné malgré lui par la fascination de l'épée.*

Et toi, sainte compagne, épée, ô chère épée, —

DEÏDAMIA, *bas à Achille.*

Tais-toi.

Haut.

Mais à quoi bon rêver? Mes jeunes sœurs,
Nous, qui du chaste hymen goûterons les douceurs,
Laissons l'airain cruel aux amazones Scythes.
Pour soulever ce poids elles sont trop petites,
Nos mains que peut rougir le vent aérien!

ULYSSE, *bas à Diomède, avec dépit.*

Diomède, il est dit que nous ne saurons rien.

DEÏDAMIA, à ses sœurs, qui ont déposé les armes qu'elles avaient prises, et qui, groupées autour de la table, admirent les joyaux.

Voyez ces joyaux d'or où luit la chrysoprase!

DIOMÈDE, bas à Ulysse.

Pour moi, dans la fureur si juste qui m'embrase,
Je prendrais le vieillard et les filles, et tout,
Et si tu le voulais, ami, car mon sang bout,
Qu'ils aient Achille ou non comme tu le désires,
Nous les emporterions en mer, sur les navires!

ULYSSE, contenant Diomède. — Avec un sourire.

Non pas. Je te l'ai dit, nous chassons au filet.

DEÏDAMIA, à Perséis.

Toi, prends ce collier d'or, avec ce bracelet.

A Thoé.

Toi, cette agrafe.

A Zeuxo.

Et toi, ces lourds pendants d'oreilles,
Pareils aux purs joyaux pleins de clartés vermeilles
Que naguère Aphrodite a reçus de son fils.

A Achille.

Pour toi, qui parmi nous est la plus sage, Iphis,

Lui tendant une quenouille.

Prends, pour charmer tes yeux où le ciel se reflète,

Cette quenouille, avec sa laine violette !

Comme Achille hésite, elle le regarde tendrement, et insiste.

Prends, chère âme. Elle est belle et d'un travail parfait.

ACHILLE, *prenant la quenouille.*

Oui, la quenouille sied aux femmes, en effet !
L'épouse diligente, en sa maison tranquille
Tient dans ses doigts pensifs la quenouille ; elle file,
Et sa laine toujours s'épuise, et le fuseau
Voltige dans sa main de lys, comme un oiseau,
Et toujours attentive et sans reprendre haleine
D'une main diligente elle file sa laine,
Songeant au cher époux qui d'un pays lointain
Doit revenir vainqueur et chargé de butin.
Où l'emportent les Dieux ? Que fait-il à cette heure ?
Peut-être sur le flot qui sanglote et qui pleure
Son navire penchant sur quelque gouffre amer
Est encor le jouet des monstres de la mer,
Ou bien déjà peut-être il court dans les mêlées,
Terrible et menacé par cent flèches ailées ;
C'est ainsi qu'elle songe à son époux absent.

Achille s'anime peu à peu, tandis que les Princesses, penchées vers lui, tremblent qu'il ne se trahisse, et qu'Ulysse et Diomède, espérant surprendre enfin son secrét, l'écoutent curieusement.

Lui, cependant, couvert du casque éblouissant,
Il tient son ennemi sous ses yeux, face à face.

Il prend ses javelots et vise à la cuirasse.

Brandissant la quenouille comme une arme.

« Tiens, dit-il, déchiré par l'airain qui te mord,
Sens tomber sur tes yeux les ombres de la mort !
Tombe, victime offerte à la gloire d'Hélène !
Meurs ! »

DIOMÈDE, bas à Ulysse.

Par les Dieux ! avec sa quenouille et sa laine,
C'est Achille !

ACHILLE, continuant.

« Meurs donc sous le soleil qui fuit,
Et les chiens affamés viendront pendant la nuit
Et te déchireront sous les murailles hautes ! »

L'Intendante, suivie de deux Servantes, est venue parler bas à Deïdamia, qui tout à coup, interrompant Achille, s'adresse à Lycomède.

DEÏDAMIA, à Lycomède.

Mon père, le festin préparé pour tes hôtes
Les attend, et lassés d'un long voyage, enfin
Ils pourront à loisir rassasier leur faim
Et boire les doux vins de nos coteaux prodigues.

LYCOMÈDE, à ses hôtes.

Venez donc.

ULYSSE.

Nous avons affronté des fatigues

Nombreuses, sans quitter l'épée aux clous d'argent,
Depuis que nous cherchons Achille, en voyageant
Sur l'orageuse mer dans de frêles nacelles.
Mais elles ne sont rien, mon hôte, auprès de celles
Que nous garde là-bas le fier Hector!

Tous sortent, excepté Achille qui, en proie à ses pensées, tient toujours dans sa main la quenouille que lui a donnée Deïdamia. Celle-ci l'a d'abord suivi des yeux et a semblé vouloir aller vers lui; mais comme Diomède l'accompagne et lui parle bas, elle se borne à tourner vers Achille un regard d'intelligence et à lui adresser silencieusement une prière suprême.

SCÈNE IV.

ACHILLE.

Hector!
Toujours ce nom! Pourquoi me le cacher encor,
O Dieux? Mais à la fin, dur faucheur des batailles,
Nous en viendrons peut-être à mesurer nos tailles!
Alors, vainqueur sanglant, quand tu serais un dieu,
Ta tête où l'on croit voir une aigrette de feu,
Garde-la bien, car moi, dans la rouge tuerie
J'irai vers toi, j'irai, guidé par ma furie,
Foulant les morts, et sur tes yeux brillants et clairs
Mes yeux silencieux lanceront des éclairs,
Et mes coups tomberont sur toi, comme l'orage;

Et si quelque immortel ne t'arrache à ma rage,
Certes le vieux Priam pleurera sur son fils
Couché dans la poussière, et...

SCÈNE V.

ACHILLE, ULYSSE.

ULYSSE, *jouant la surprise.*

C'est toi, belle Iphis !

ACHILLE, *à part.*

Ulysse ! J'ai pitié de sa ruse inutile.

ULYSSE.

Seule ! Que fais-tu là ?

ACHILLE.

Mais, tu le vois, je file
Ma quenouille. Car c'est ainsi que nous régnons,
Nous autres. C'est au mieux, si tes chers compagnons
Ne laissant pas leur glaive amasser de la rouille,
Le caressent, ainsi que moi cette quenouille,
Et savent faire mieux que tourner un fuseau !

ULYSSE.

Ils sont braves. Jamais la peur en son réseau

N'a pris leurs cœurs. Mais quoi! leur bravoure est stérile,
Puisqu'ils ne vaincront pas à moins d'avoir Achille.

Négligemment.

Du moins on le leur a fait croire. Mais pourquoi
Ne vaincrions-nous pas sans Achille?

D'un ton provocant.

Ce roi
Qu'il faut chercher partout comme une fleur dans l'herbe,
Ne me paraît pas être un héros bien superbe,
Et contre les hasards il est trop protégé.
N'est-ce pas?

A part.

Si vraiment c'est Achille que j'ai
Devant moi, je lui veux dire des choses telles
Qu'il en sente en son cœur des angoisses mortelles!

Haut.

Je le juge peut-être avec sévérité.
Mais que sais-tu de lui? Dis-moi la vérité.

ACHILLE.

On m'a dit qu'élevé par le rude Centaure
Dont le pas retentit dans la forêt sonore,
Sachant faire parler la lyre aux doux sanglots,
Il manie aussi l'arc et les lourds javelots.
On m'a dit qu'il franchit en nageant les rivières,
Et que marchant pieds nus dans la ronce et les pierres,

Pendant des jours entiers, sur le noir Pélion
Il frappe de ses traits les bêtes fauves.

ULYSSE.

On
T'a trompée.

ACHILLE.

On m'a dit qu'effrayant les rivages,
Et que, retentissant dans les roches sauvages
Ainsi que les clameurs d'Hercule sur l'Œta,
Ses cris faisaient trembler les lions même.

ULYSSE.

On t'a
Trompée.

ACHILLE.

On m'a dit, — et ceci n'a rien d'étrange, —
Que sa massue atteint les hydres dans la fange,
Et que ses traits, volant au fond des cieux déserts,
Déchirent les oiseaux carnassiers dans les airs ;
Mais que son âme, encor de ces jeux occupée,
Aspire à de plus durs combats.

ULYSSE, avec une feinte bonhomie.

On t'a trompée.
Sais-tu ce qu'est Achille ? Un jeune homme pareil

Aux femmes, dont les yeux ont peur du grand soleil,
Et qui, mettant ses soins à chercher sa parure,
Vit pour tresser des fleurs avec sa chevelure.

ACHILLE, *indigné.*

Achille !

ULYSSE.

On peut le voir de son repos jaloux.

ACHILLE, *de même.*

Lui !

ULYSSE, *d'un ton méprisant.*

Celui que tu prends pour un chasseur de loups,
Rien qu'en voyant un cerf léger, tremble et s'effraie !
Le zéphyr, un oiseau qui chante dans la haie
Lui font peur, et qui veut rire de ses effrois
N'a qu'à le regarder bien en face.

ACHILLE, *furieux, et prêt à s'élancer sur Ulysse.*

Tu crois ?

ULYSSE, *froidement.*

J'en suis sûr.

ACHILLE, *se contenant.*

Alors c'est que la chose est possible.

ULYSSE, *de plus en plus provocant.*

Mais Achille un tueur de monstres, c'est risible !

ACHILLE.

En effet !

ULYSSE, à part.

Sous le fouet cinglant, tu bondiras !

Haut.

Avec des bracelets de femme sur les bras,
Achille à ce moment, dans une île lointaine
Dort, comme un chien fidèle, aux pieds de quelque reine
Qui le regarde, et puis se remet à chanter.

ACHILLE, à part. Avec dédain.

Ce roi subtil en a trop dit pour m'irriter.

Haut. Avec ironie.

Je te crois. Et d'ailleurs, que nous importe ? Achille
Est bien ce que tu dis. La servante qui file,
La colombe, un agneau de trois jours, ébloui
Par la lumière, sont plus terribles que lui.
Aux pieds de quelque reine amoureuse, épris d'elle
Ce prétendu héros dort comme un chien fidèle,
Heureux, vil, et n'ayant des Dieux aucun souci !
Roi, j'en tombe d'accord. Mais s'il en est ainsi,
Crois-moi, ne songe plus à tenter une attaque
D'Ilios. Va soigner tes poiriers dans Ithaque.
Va revoir ton porcher Eumée et ton berger,
Et ton père, le vieux Laërte, en son verger.

Ne prive pas de toi la sage Pénélope!
Car Troie avec ses tours que la nue enveloppe
S'élèvera toujours vers le ciel radieux,
Si les héros sacrés sortis du sang des Dieux,
Lorsqu'autour d'eux la guerre a déchaîné sa rage,
Courbent vraiment leur tête ainsi que sous l'orage
Se courbent les épis, espoir du moissonneur,
Et si vraiment Achille est un lâche, seigneur!
Crois-moi donc. Va revoir ton Ithaque stérile.

Il s'éloigne d'un pas rapide et va pour sortir; puis reprenant la contenance et les allures d'une jeune fille, il revient vers Ulysse.

Mais pardon, j'oubliais ma quenouille.

Il prend la quenouille et sort lentement, tandis qu'Ulysse le suit des yeux avec une ardente curiosité.

SCÈNE VI.

ULYSSE, DIOMÈDE.

DIOMÈDE, entrant, à Ulysse.

Est-ce Achille?

ULYSSE, comme frappé d'une inspiration soudaine.

C'est lui! Le soleil sur sa chevelure d'or
Flamboyait. Dans ses yeux j'ai vu la mort d'Hector.
Oui, moi-même, — Ilios, tremble dans tes murailles! —

Je romprai le filet aux invisibles mailles
Où le cruel Amour le tient captif. Alors
Tremble, ta gloire ancienne et tes espoirs sont morts!
Avec lui le divin héros sur les nefs noires
Amènera le chœur palpitant des Victoires,
Et leurs ailes battront dans le souffle du vent;
L'Épouvante et l'Horreur sur son casque mouvant
Frissonneront, hurlant d'une voix inconnue,
Car Athène, pareille à l'éclair de la nue
Qui de l'orage noir s'élance vif et prompt,
Volera, furieuse, au-dessus de son front;
Et les Dardaniens sentiront leur désastre
Naître et grandir, lorsqu'ils verront, ainsi qu'un astre,
Dans le combat ardent, sombre et démesuré,
Ses armes resplendir sous le ciel azuré!

Ulysse et Diomède entrent dans le palais. Le rideau tombe.

ACTE TROISIÈME.

Même décor qu'aux actes précédents. — Au lever du rideau, Ulysse assis et la tête appuyée sur sa main, semble suivre sa pensée.

SCÈNE PREMIÈRE.

ULYSSE, puis DIOMÈDE.

ULYSSE, seul.

O divine Athènè, toi qui dissipes l'ombre,
Toi dont l'œil de hibou reluit dans la nuit sombre,
Grâce à toi, je vais rendre un héros en effet
A la clarté du jour !

A Diomède, qui entre.

Diomède, as-tu fait
Venir Argyrte, avec sa trompette ?

DIOMÈDE.

Moi-même

Je l'ai caché. Le lieu convient au stratagème.
Sur le rivage, près d'ici, baignés des flots,
Sont de grands rochers noirs, effroi des matelots,
Dont ils brisent souvent les nefs dans leurs mâchoires.
Leurs flancs sont déchirés par des cavernes noires
Où se plaint un écho répété mille fois,
Retentissant, et si sonore que nos voix
Parmi ces rocs géants et convulsionnaires
Roulaient avec le bruit affreux de cent tonnerres.
Certes, lorsqu'en ce lieu sinistre et souterrain
Argyrte embouchera la trompette d'airain,
On verra s'enfuir l'aigle ainsi que la colombe,
Et les morts pourront bien s'éveiller dans leur tombe!
Un chant accompagné par la lyre, sera
Le signal; et sitôt qu'Argyrte l'entendra
Résonner ici, car cette caverne est proche,
Vite, le bruit affreux courra de roche en roche.
Mais, dis-moi, penses-tu qu'Achille, cette fois,
Se prenne à notre ruse?

ULYSSE.

Oui. Lorsque cette voix
Horrible de l'airain, mille fois répétée,
Frappera de terreur son âme épouvantée, —
Car alors il craindra pour Deïdamia

Et pour ses jeunes sœurs, — lui que rien n'effraya,
Tu le verras paraître avec le front d'Achille
Sous son déguisement à cette heure inutile,
Et nous écartant tous pour s'ouvrir un chemin,
Chercher fiévreusement une arme sous sa main.

Montrant une épée, placée sur la table.

Et c'est pourquoi d'ailleurs, j'ai mis là cette épée.

DIOMÈDE.

Puisse-t-il donc, laissant sa parure usurpée,
Se relever héros, pour briser les genoux
Des Troïens abhorrés !

ULYSSE.

Mais on vient. Taisons-nous.

SCENE II.

ULYSSE, DIOMÈDE, LYCOMÈDE, ACHILLE, DEÏDAMIA, THOÉ, ZEUXO, PERSÉIS.

LYCOMÈDE, à Ulysse et à Diomède.

Rois, nous aurions voulu que, laissant fuir les heures,
Il vous plût de rester en nos pauvres demeures;
Mais, puisque nos désirs de vous garder sont vains,

Et puisque vous voulez nous quitter, ô divins!
Jusqu'à la vaste mer, pour voler aux victoires,
Vos hardis compagnons ont traîné nos nefs noires;
Et j'ai voulu moi-même embarquer sur ces nefs
Cent guerriers commandés par d'invincibles chefs,
Et, pour vous soutenir dans vos maux devant Troie,
Les présents que mon cœur vous destine avec joie.
On a dressé les mâts et placé les agrès :
Donc, vous pouvez, amis, nous quitter sans regrets,
Et chercher vers des cieux lointains d'autres étoiles,
Puisque le vent docile enfle vos blanches voiles,
Et vous pousse déjà vers l'orageuse mer.

ULYSSE.

O Roi, toujours l'instant de partir est amer.
Il nous eût été doux de demeurer tes hôtes
Et de rester longtemps dans tes demeures hautes!
Mais, outre que les chefs Achéens chaque jour
S'irritent, demandant aux Dieux notre retour,
La prudence aujourd'hui rend nos âmes ingrates.
Les Phrygiens, ô Roi, sont de hardis pirates,
Peut-être qu'un vaisseau nous a suivis de loin,
Et, qui sait? — la nuit sombre est un muet témoin! —
Peut-être qu'il nous guette aux abords de cette île.
Ces Phrygiens ont l'âme impie et mercantile;

Jadis ils attaquaient, en voleurs arrogants,
Les vaisseaux dispersés, jouet des ouragans;
Mais à présent, glissant ainsi que des reptiles
Sur la mer, on les voit débarquer dans les îles.
Ils prennent pour butin ce qu'ils peuvent trouver,
Mais surtout, leur plus grand bonheur est d'enlever
Des vierges aux beaux fronts, dont ils font leurs captives.
Or, dès que ces bandits abordent sur nos rives,
Par bravade et fureur, déchirant l'air serein,
Ils embouchent sans peur leurs trompettes d'airain,
Dont le tumulte éclate avec un bruit sauvage.

ACHILLE, en proie à une vive émotion.

Ils oseraient, dis-tu, venir sur ce rivage!
Ces Phrygiens!

ULYSSE, à Achille.

Non. Car par des périls nouveaux
Nous leur imposerons d'assez rudes travaux
Pour qu'ils aient à veiller, laissant dormir les rames,
Sur leurs propres maisons et sur leurs propres femmes.
C'est pourquoi nous partons.

THOÉ.

Qu'un vent propice et doux
Guide vos nefs!

ZEUXO.

Que nul pressentiment jaloux
Ne trouble vos chers cœurs !

PERSÉIS.

Et qu'un dieu même allége
Le vol éblouissant de vos voiles de neige !

DIOMÈDE.

Sans doute de tels vœux doivent nous protéger.
Mais l'ennui du départ nous sera plus léger,
O vierges, en quittant ce Roi qui nous honore,
Si l'une de vous prend la cithare sonore
Et nous dit quelque chant ailé, dont la douceur
Nous charme, et soit pour nous ce qu'est pour le chasseur
Fatigué, le ruisseau qui murmure et soupire !

LYCOMÈDE, à Achille.

Chante, mon Iphis, toi qu'Apollon même inspire !

ACHILLE.

Moi !

LYCOMÈDE.

Ta voix rafraîchit mon vieux cœur altéré.

ACHILLE.

Moi, seigneur !

DEÏDAMIA, bas à Achille. — D'une voix caressante.

Obéis !

ACHILLE, haut.

C'est bien. Je chanterai.

LYCOMÈDE, à Deïdamia.

Toi, Deïdamia, viens ici. Prends la lyre.

Tandis que tous se groupent autour d'Achille et de Deïdamia, Ulysse entraîne Diomède à l'écart et lui parle bas.

ULYSSE, bas à Diomède.

Voici l'instant. Sitôt qu'Achille, en son délire,
S'enfuira, va, suis-le. Trouble son cœur sans frein !
Toi-même, attache-lui la tunique d'airain
Et le casque mouvant. Que la fureur guerrière
Le prenne, et que Thétis elle-même soit fière
De voir rougir le front menaçant de son fils !

DIOMÈDE, bas à Ulysse.

Ami, je le suivrai.

ULYSSE, haut à Achille.

Nous t'écoutons, Iphis.

ACHILLE, chantant.

Oh ! protége les nefs rapides,
Thétis, déesse au peplos bleu,

Qui dans l'azur des flots splendides
Réfléchis le soleil de feu !
Tous les Dieux, que le ciel effleure,
Désiraient ta belle demeure
De clairs saphirs et de coraux :
Tous, ils t'adressaient leur prière ;
Mais toi, dans ton âme guerrière
Tu leur préféras un héros !

On entend un bruit de trompettes d'abord confus et comme étouffé. Achille interrompt son chant et dit d'une voix déjà émue et inquiète :

Mais quel est donc ce bruit effrayant ?

ULYSSE, rassurant Achille.

Chante encore.
Ce n'est rien. C'est la mer qui gourmande à l'aurore
Les blancs coursiers d'écume et les cruels typhons,
Et qui hurle d'horreur dans ses gouffres profonds.

ACHILLE, chantant.

Car le héros en sa démence
Est l'image du flot amer !
Pareil dans la mêlée immense
Aux fureurs de la vaste mer,
Il court, semblant avoir des ailes ;
Et parmi les flèches mortelles
Riant à l'airain qui le mord,
Il va, la main de sang trempée,

Cherchant le baiser de l'épée
Et la caresse de la mort !

Le bruit de la trompette éclate rapproché et formidable. Tous les personnages excepté Ulysse et Diomède, sont frappés d'étonnement ou d'épouvante. Achille transporté de fureur s'écrie :

Écoutez ! Ce sont eux ! Par quelque affreux prodige
Ils sont venus ! Ce sont les Phrygiens, vous dis-je !
O Deïdamia ! sur toi, sur vous, mes sœurs,
Ils oseraient porter leurs mains, ces ravisseurs !

A ce moment. Achille aperçoit l'épée placée sur la table et la saisit avec une âpre joie.

Une épée !

ULYSSE, feignant de vouloir retenir Achille.

A quoi bon ta fureur indocile,
Pauvre Iphis !

ACHILLE.

Laisse-moi passer. Je suis Achille !

Il écarte de la main Lycomède, et sort en brandissant son épée. Diomède le suit.

SCÈNE III.

ULYSSE, LYCOMÈDE, DEÏDAMIA, THOÉ, ZEUXO, PERSÉIS.

ULYSSE, feignant l'étonnement.

Achille !

LYCOMÈDE, résolûment. A Ulysse.

Oui c'est lui.

A Deïdamia.

Mais rassure-toi d'abord,
O mon enfant. Pour ces clairons sonnant la mort,
C'est là, je le devine, une ruse d'Ulysse.
Mais, quoique sa fureur lui serve de complice,
Achille, ton époux, vers les bords Stygiens
N'envoie en cet instant nuls voleurs Phrygiens;
Car nul d'entre eux n'accourt vers mon seuil vénérable.

A Ulysse.

N'est-ce pas, Roi?

Ulysse garde le si

Si j'ai d'un front impénétrable
Accueilli tes soupçons, dès le premier moment
Je connaissais Achille et son déguisement.
Mais un ordre divin, me faisant violence,
Me contraignait alors à garder le silence.
Car, voyant mes cheveux du poids des ans chargés,
Avant que les Troïens par Achille égorgés
Ne tombent dans la plaine, offerts aux loups voraces,
La déesse Thétis pour mêler nos deux races
Elle-même a quitté les flots mélodieux.

ULYSSE.

Ne nous opposons pas à ce que font les Dieux!

DEÏDAMIA, à Ulysse.

Roi, ton esprit en mille inventions fertile
Se réjouit. Enfin tu le tiens. C'est Achille.
Oui, c'est bien lui. Voilà ton regard rayonnant,
Et tu dis : « Il ne peut m'échapper maintenant. »
Lorsqu'un homme te fait obstacle, tu l'abuses,
O Roi subtil, avec d'irréprochables ruses ;
Et, s'il le faut, tu sais mentir avec douceur
Même à des vieillards. Tel dans les bois le chasseur
Vient par l'étroit sentier resté dans sa mémoire
Et se glisse en rampant vers la caverne noire
Que le feuillage épais couvre d'un vert manteau,
Puis emporte en ses bras tremblants le louveteau,
Et frémit de plaisir en songeant que la mère
Hurlera tout à l'heure en sa douleur amère,
Tel tu te dis : « Ma proie est là. J'ai réussi.
Je l'emporterai. » Mais la louve était aussi
Dans l'antre! Elle n'est pas endormie. Elle veille.
Tu n'éviteras pas sa prunelle vermeille.
Elle te guette. Vois ses yeux fixés sur toi.
Voilà tout, n'est-ce pas? Tu veux Achille. O Roi
Très-subtil, viens donc, si tu t'en sens le courage,
L'ôter à mon amour, et le prendre à ma rage !

ULYSSE.

Le Destin nous terrasse, il est plus fort que nous.

Oui, Deïdamia, tu pleures ton époux
Et la haine frémit sur ta lèvre de rose ;
Mais tu le céderas peut-être à quelque chose
De plus haut et de plus divin que ton amour !

Achille en costume guerrier, couvert d'armes étincelantes, entre appuyé sur l'épaule de Diomède et s'avance vers le Roi.

SCÈNE IV.

ULYSSE, LYCOMÈDE, DEÏDAMIA, THOÉ, ZEUXO, PERSÉIS, ACHILLE, DIOMÈDE.

ACHILLE, à Lycomède.

O mon père, je crois revoir l'éclat du jour
Pour la première fois, en sortant du mensonge
Comme un captif qui sort d'un cachot, et se plonge
Avec ravissement dans l'air silencieux !
Je m'enchante à sentir frissonner sous les cieux
Mon aigrette, et je songe aux sanglantes aurores
En entendant le bruit de mes armes sonores.

DEÏDAMIA.

Hélas !

ACHILLE, allant à Deïdamia et la prenant dans ses bras.

Ne pleure pas, ma Deïdamia !

Car il ne peut mourir, l'amour qui nous lia,
Et tu vas avec toi garder plus que moi-même,
Puisque tes yeux verront le doux Néoptolème,
Cependant que j'égare au loin mes pas errants.
Conserve en toi mon souffle et ma pensée, et prends
Mon âme, à ce moment suprême où je t'embrasse !

LYCOMÈDE, *à Achille.*

Sois digne de ta mère, et digne de ma race !
Car je ne puis, vieillard dont s'éteignent les jours,
Porter dans Ilios environné de tours
Le carnage et le choc horrible des armures,
Avec les Achéens aux belles chevelures !

ACHILLE.

Moi, j'irai ! Car en moi, ton fils jeune et vainqueur,
Revivront ta jeunesse intrépide, et ton cœur !
Roi, lorsque tu parais, blanchi, devant ces portes,
Tous s'inclinent devant le sceptre que tu portes ;
Tout ce que je ferai, c'est toi qui le feras :
Ta force redoutée animera mon bras,
Et ceux qui me verront, si ton souvenir m'aide
Au combat, diront : « C'est un autre Lycomède ! »
Car l'amour du péril, âpre et délicieux,
La bravoure qui fait briller mes sombres yeux

Et l'orgueil inflexible et fier que je savoure
En moi, c'est ton orgueil, père, et c'est ta bravoure !

A Ulysse et à Diomède.

Et maintenant, déjà s'enflant et se levant,
Nos voiles doucement frémissent dans le vent ;
L'air est pur, je me sens plein d'un espoir céleste !
O mes amis, partons.

DEÏDAMIA, s'attachant aux pas d'Achille.

Non, je ne veux pas. Reste.
Ce que tu vas chercher là-bas, c'est le trépas !
Je garde mon trésor. Je ne te donne pas
Au carnage, qui souffle avec sa froide haleine.
Que nous font les amours de cette fauve Hélène ?
Que nous importe si Pâris, folle d'amour,
L'emporta, cependant qu'à la chute du jour,
La petite Hermione, avec des cris sauvages,
En se tordant les mains courait sur les rivages ?
Un Atride n'a pas su conserver son bien
Dans sa demeure ? moi, je veux garder le mien.
Que cette Hélène fasse un brasier de l'Asie !
Et que la haine, au lieu d'un souffle d'ambroisie,
S'exhale de sa bouche et de ses blonds cheveux !
Que tous la suivent ! moi, j'y consens. Je ne veux
Lui disputer qu'Achille et que Néoptolème.
Tu ne partiras pas. Je ne veux pas. Je t'aime !

ACHILLE.

Ma mère, dont l'encens blanchit les purs autels,
Me l'a dit : seul parmi tous les hommes mortels
Qui servent de jouet aux Parques obstinées,
J'ai le droit de choisir entre deux destinées.
Oui, si je vais à Troie, où le deuil effrayant
S'apprête, je mourrai tout jeune, mais ayant
Fait de nombreux travaux ; jusqu'à l'heure dernière,
Conducteur de chevaux à la blonde crinière,
Ayant pris et conquis de mon bras souverain
De l'argent et de l'or et des trépieds d'airain.
Je mourrai, comme il sied à des Rois que nous sommes,
Faisant voler mon nom sur les bouches des hommes,
Et n'ayant plus en moi rien à purifier ;
Car cette Hélène à qui je veux sacrifier
La vie, avec raison tant chérie et vantée,
Ce sont les Dieux, et c'est la patrie insultée !
Et mon renom splendide et pur de tout affront
Servira de parure éternelle à ton front ;
Les chanteurs, dont le cœur répugne aux choses viles,
Chanteront mes combats merveilleux dans les villes ;
Et quand tu passeras, la fierté sur le front
Et l'orgueil dans les yeux, les laboureurs diront
En promenant le soc dans la terre fertile :

« Voilà celle qui fut la compagne d'Achille ! »
Je puis aussi, les Dieux l'ont permis, vieillir dans
Un palais, content, vil, infâme, accablé d'ans,
Accessible à la peur hideuse qui nous dompte,
Puis mourir enfin, plein de vieillesse et de honte ;
Et quand ton fils pourra soulever de sa main
Le sceptre d'or, s'il passe un jour dans un chemin,
Tous les hommes, qu'il veuille ou non remplir sa tâche,
Diront : « Voilà le fils de ce Roi qui fut lâche ! »
Et les vierges enfants aux rires querelleurs
Qui vont d'un pas léger sur les coteaux en fleurs,
Et dont le front est gai comme un matin de fête,
Avec un dur mépris détourneront la tête.

DEÏDAMIA.

Vois, ami, je t'écoute et ma lèvre sourit,
Car ton souffle est entré vivant dans mon esprit.
Va combattre et mourir ! Cette route est la tienne.
Les fils des Dieux n'ont plus rien qui leur appartienne,
Et, prêts à succomber dans leur jeune saison,
Ils n'ont pas de famille et n'ont pas de maison.
Prenant leurs jours, ainsi qu'une amante jalouse,
La Patrie au divin sourire est leur épouse.
La gloire est le seul bien de quiconque est né roi,
Car celui-là se doit à tous, et c'est pourquoi,

Afin qu'à son aspect la vertu se devine,
La lame de l'Épée, en sa forme divine,
Est pareille à la feuille austère du laurier.
Suis les chefs, ma chère âme, au combat meurtrier!
Et c'est assez pour moi, puisque tu m'as nommée
Ta Deïdamia chérie et bien-aimée,
D'avoir pu te donner, hélas! pendant un jour
Ce cœur, qui restera brûlé de ton amour;
Car Deïdamia, ta compagne, fut-elle
Oubliée, a marché dans ta route immortelle!

ACHILLE, *enveloppant Deïdamia d'un regard suprême et tutélaire.*

O Dieux! gardez ici tout ce qui me fut cher!
Ce pur sang de mon sang! cette chair de ma chair!
Et du haut de la nue éclatante et profonde
Protégez ce front d'or et cette tête blonde!
Secourez-les!

DEÏDAMIA, *tendant les bras vers Achille.*

Adieu, mon maître! Adieu, mon roi!
Mon âme! toi qui fus mon Achille! Vers toi
S'envoleront mes cris de douleur et de joie!
Tu m'avais prise, fier chasseur, comme une proie
Qui sent la mort sereine entrer dans son œil bleu,
Et je garde en mon cœur la brûlure et le feu

Vivant de ton amour, qui fut mon seul délice.
Va ! je t'aime, et je suis heureuse.

ACHILLE, avec un effort suprême.

Viens, Ulysse !

Ulysse et Diomède entraînent Achille, tandis que les Princesses empressent autour de Deïdamia. — Le rideau tombe.

IMPRIMÉ PAR JULES CLAYE

(A. QUANTIN, S^{r})

POUR

ALPHONSE LEMERRE, ÉDITEUR

A PARIS

[illegible]

[illegible], comédie en un acte, en vers. . . . . . . [illegible]
Mascarille, [illegible] en un acte, en vers. . . . . . . » 50
Pygmalion, [illegible], en vers. . . . . [illegible]
[illegible] *Les Comédiens* [illegible], en un acte, en vers. . . . . 1 »
[illegible] *Florise*, comédie en quatre actes, en [illegible] . . . . 2 »
Adieu, prologue en vers. . . . . » 50
[illegible] *[illegible] et Mari*, drame en 3 actes, en prose. 2 »
[illegible] *[illegible]*, drame en un acte, en vers. 1 50
[illegible] *Dolorès*, comédie en un acte, en vers . . . 1 50
Les Étapes du Mariage, comédie en un acte en vers. 1 v. 1 50
[illegible] *Les Cloches du soir*, comédie en un acte, en prose. 1 50
[illegible], vaudeville en un acte, en prose. . . . . 1 »
François Coppée. *Le Passant*, comédie en un acte, en vers. 27e édition. . . . . 1 »
Deux Douleurs, drame en un acte, en vers. 9e édition. 1 50
L'Abandonnée, drame en deux actes, en vers. 6e édit. 2 »
Fais ce que dois, épisode dramatique en vers. 18e édit. 1 »
Les Bijoux de la Délivrance, scène en vers. . . . » 75
Le Rendez-Vous, comédie en un acte, en vers. . . . . 1 »
Paul Delair. *L'Éloge d'Alexandre Dumas*, scène en vers. 1 »
La Voix d'en haut, à-prop. dramat. en 1 acte, en vers. 1 50
Édouard Foussier et Charles Edmond. *La Baronne*, drame en quatre actes, en prose. . . . . 3 »
Gill et Richepin. *L'Étoile*, drame en un acte, en vers. . 1 »
Albert Glatigny. *Les Folies-Marigny*, scène en vers. 1 »
Le Bois, comédie en un acte, en vers. . . . . 1 »
Vers les Saules, comédie en un acte, en vers . . . . 1 »
Les Délassements Comiques, prologue. 1 vol. . . . . » 75
Compliment à Molière, à-propos en un acte, en vers. » 75
Le Singe, comédie en un acte, en vers. . . . . . . 1 »
L'Illustre Brizacier, drame en un acte, en vers. 1 vol. 1 »
[illegible] *Alina*, drame en un acte, en vers. 1 50
[illegible] *Les Érinnyes*, drame antique, en deux parties, en vers. . . . . 2 »
[illegible] *Christophe Colomb*, drame en sept actes, en prose. 1 vol. in-18 jésus. . . . . 3 »
[illegible] *[illegible]*, com. en un acte, en prose. 2 »
[illegible] *Arlequin et Colombine*, comédie en un acte, en vers. . . . . 1 »
André Theuriet. *Jean-Marie*, drame en un acte, en vers. 1 »
[illegible] *Entre Ouvriers*, com. en 1 acte, en vers. 1 »
[illegible] *Flava*, drame en un acte, en vers. . . 1 50
Auguste Villiers de l'Isle-Adam. *La Révolte*, drame en un acte, en prose. 1 50

Paris. — Impr. J. Claye. — A. Quantin et Cie, rue St-Benoît. — [1567]

www.ingramcontent.com/pod-product-compliance
Lightning Source LLC
LaVergne TN
LVHW020433230826
846091LV00004B/1474

* 9 7 8 2 0 1 6 1 2 9 6 3 0 *